KATZEN-SPIELE

Isabella lebt in einer Stadtwohnung. Sie darf klettern und Fellmäuschen fangen und mit ihren Menschen spielen. Doch gegen mehr Abwechslung hätte die kluge Katze nichts einzuwenden. In diesem Ratgeber finden Sie tolle Spielideen und erfahren, wie kleine Tiger spielend körperlich und geistig fit bleiben.

Inhalt

WARUM SPIELEN FÜR KATZEN WICHTIG IST

DIE BESTEN SPIELIDEEN FÜR KLEINE TIGER

SPIEL UND ABENTEUER: SPIELPLATZ WOHNUNG UND BALKON

ANHANG

TIPPS & INFOS

Warum Spielen für Katzen wichtig ist

Wer Jagdtrieb und Bewegungsdrang nicht draußen ausleben darf, braucht Ersatz. Das richtige Spielzeug, spannende Spiele mit Mensch oder Artgenossen und eine Wohnung nach Katzengeschmack halten Ihre Katze fit und lassen Langeweile gar nicht erst aufkommen.

Training fürs Leben

Spielen ist für Katzenkinder Training pur. Unter Mamas Anleitung und Aufsicht lernen und üben sie im Spiel alles, was für ihr späteres Leben wichtig ist: Geschicklichkeit, Ausdauer, Kraft, Bewegungsabläufe und den Umgang mit Artgenossen. Bereits mit drei Wochen entdecken die Kleinen ihre Geschwister als Trainingspartner. Bruder oder Schwester werden mit der Pfote angestupst und zum Mitmachen aufgefordert. Schon bald entwickeln sich die ersten kleinen Balgereien. Zwar sind körperliche Fähigkeiten und das Geschick der Kleinen noch längst nicht ausgereift, doch Übung macht den Meister. Mit vier Wochen werden die Spiele koordinierter. Man wälzt sich mit den Geschwistern auf dem Boden, liefert sich wilde Verfolgungsjagden und kleine Scheingefechte, überfällt Bruder oder Schwester von hinten und testet aus, wer der Stärkere ist. Auch das Spielen mit Gegenständen wird jetzt immer interessanter. Die Kleinen untersuchen Spielzeug mit dem Mäulchen, machen den Bisstest, schleudern es hoch und versuchen, es zu fangen. Mit etwa sieben Wochen bringt die Katzenmutter Beute herbei und lehrt ihre Jungen den Umgang damit.

Fang das Mäuschen

Ab etwa der siebten Lebenswoche trainieren kleine Katzen den Ernstfall: erfolgreich Beute machen. Körperlich sind sie jetzt bereits sehr geschickt. Rennen, Springen, Klettern, Anschleichen, Lauern oder Balancieren haben bewundernswerte Fortschritte gemacht. Das Beutefangen darf, dank Mama, ausgiebig trainiert werden. Zunächst an Mutters zuckender Schwanzspitze, dann bringt Mama Beutetiere herbei. Dabei schleudert sie die Beute mit der Pfote hoch in die Luft, stürzt sich beim Herunterfallen mit einem gezielten Sprung darauf und hält sie sicher zwischen den Pfoten fest. Die Kleinen beobachten Mama ganz genau und sind bald in der Lage, es ihr gleichzutun.
Jagen und Beutefang stehen im Mittelpunkt eines Katzenlebens. Besonders Wohnungskatzen brauchen unbedingt einen Ausgleich für fehlende Jagdmöglichkeiten.
In der Wohnung: Zum Austoben eignen sich prima Spiele mit Lichtpunkten (→ Seite 25). Doch Vorsicht, Katzen wollen Erfolgserlebnisse, sonst verlieren sie die Lust am Spiel. Lichtpunkte lassen sich leider nicht fangen, und das kann der Katze das Spiel verleiden. Alles was rollt, wird mit Vorliebe „erbeutet", ebenso wie Spielzeug, das sich vor der Katzennase hin und her bewegt (→ Seite 24). Auch das ausgelassene Spiel zusammen mit dem geliebten Menschen (→ ab Seite 24) und mit Artgenossen (→ Seite 35) sorgt für Ausgleich und Wohlbefinden.

Wie Katzen jagen

Katzen wenden beim Beutefang verschiedene Methoden an. Machen Sie sich mit ihnen vertraut und bieten Sie Ihren kleinen Haustigern Trainingseinheiten in der Wohnung.
➤ **Das Maus-Anschleichen:** „Sehen, aber nicht gesehen werden …", heißt zunächst die Devise. Aus sicherem Versteck beobachtet und lauert die Katze, schleicht dann geräuschlos auf die Maus zu und springt sie schließlich an, um sie festzuhalten und später zu töten.
In der Wohnung: Welche Spiele simulieren dieses Jagdverhalten wohl am besten? Lassen Sie zum Beispiel einen Korken unter einer Decke „krabbeln". Sofort ist die Aufmerksamkeit geweckt, das Jagdfieber angefacht.

INFO

ICH WILL SPIELEN

Eben noch ist die Katze vor Ihnen hergelaufen, plötzlich duckt sie sich, dreht sich zur Seite und schaut Sie eindringlich an: Jetzt ist Spielen angesagt. Dass sie in Spielstimmung ist, kann eine Katze auch allein durch Miauen ausdrücken. Manche Katzen werden besonders deutlich: Sie legen ihrem Menschen kurzerhand das Spielzeug vor die Füße, und das heißt übersetzt: „So, und nun will ich sofort mit dir spielen!"

1

2

1 Katerchen Felix ist mit seinen acht Wochen bereits ein exzellenter Springer. Geschickt setzt der kleine Überflieger seinen Schwanz als Steuerruder ein.

2 Minka springt mit einem eleganten Satz über den kleinen Bach. Die Natur bietet einer Katze viel Abwechslung. Hier sind Körper und Sinne im Dauertraining. Doch Wohnungstiger müssen nicht im Nachteil sein ...

➤ **Das Vogel-Abschlagen:** Vögel sind nicht so leicht zu erbeuten. Die Jagd endet oft mit einem akrobatischen Hochsprung und einem Tatzenhieb, um das Objekt der Begierde auf den Boden zu holen.

In der Wohnung: Es gibt Spielzeug mit Bällchen oder Federn an Gummischnüren, das man in den Türrahmen klemmen kann. Sie ersetzen das Vögelchen. Auch „Katzen-Squash" kommt hier gut an (→ Seite 26).

➤ **Das Angeln:** Haben Sie schon einmal eine Katze beim Fischen beobachtet? Sie lauert gespannt am Uferrand. Sobald ein Fisch an die Wasseroberfläche schwimmt, wird er mit einem gezielten Pfotenhieb nach hinten über „die Schulter" geworfen. Die Katze dreht sich blitzschnell um, packt den Fisch und bringt ihn rasch vom Wasser weg.

In der Wohnung: Schaffen Sie ein kleines Anglerparadies für Ihre Katze. Es muss ja nicht gleich ein Teich sein. Wie wär's mit einem wassergefüllten Goldfischglas, natürlich ohne Goldfische, doch mit schwimmfähigem Spielzeug zum Herausangeln (→ Foto, Seite 2, und Text, Seite 28)? Wetten, dass dies genauso viel Spaß macht wie echte Fische fangen? Auch von Zimmerbrunnen sind Katzen äußerst fasziniert (→ Seite 42).

Bewegung hält fit

Beneidenswerter Katzenkörper: Mit eleganten, geschmeidigen Bewegungen springt Samtpfote mit einem weiten Satz über den kleinen Bach, klettert geschickt den Baum hinauf oder balanciert über eine schmale Mauer. Und das mehrmals am Tag bei der Inspektion ihres Reviers. Das sorgt für Kondition und hält Figur.

In der Wohnung: Welchen Ersatz für die Natur können wir der Katze bieten? Da ist zunächst einmal die Wohnung selbst. Sie kann zum Abenteuerspielplatz werden – vielleicht sogar auch der Balkon (→ ab Seite 37). Dann sind Sie selbst gefragt: Eine kleine Verfolgungsjagd gefällig? Aber auch Kunststückchen wie etwa von Stuhl zu Stuhl springen oder „Männchen machen" sorgen für Kondition und gute Laune (→ ab Seite 30). Last but not least kann auch ein Artgenosse Fitnesspartner sein (→ Seite 35).

Spiel mit der Beute. Katzen sind leidenschaftliche Jäger.

Die Sinne schärfen

Katzen können hervorragend hören, sehen und tasten, aber auch gut riechen. Außerdem besitzen sie einen ausgeprägten Gleichgewichtssinn. Die Natur bietet alles, um diese Sinne zu trainieren und auf einem Höchstmaß an Leistungsfähigkeit zu halten.

In der Wohnung: Wohnungskatzen müssen nicht zwangsweise auf etwas verzichten – vorausgesetzt, Sie bieten Ihrem Stubentiger viele verschiedene Sinnesanreize. Duftspielzeug zum Beispiel (→ Seite 22) oder etwas, das raschelt. Eine Kiste mit Heu birgt interessante Gerüche, ein Karton mit Löchern fördert den Tastsinn. Ein dickes Seil testet den Gleichgewichtssinn.

Intelligenz fördern

Dass Katzen intelligent sind, daran besteht wohl kaum Zweifel. Sie lernen durch Beobachten und sind selbst sehr erfinderisch, wenn es darum geht, etwas zu erreichen.

Viele Katzen können im Handumdrehen eine verschlossene Tür öffnen, indem sie auf die Klinke springen, oder sich Leckerbissen aus einer Dose organisieren. Nicht zu vergessen die differenzierte Katzensprache. Sie kennen inzwischen sicher die verschiedenen Miau-Variationen Ihres Lieblings. Und dass

TIPP
SPIELPAUSE

Im Eifer des Spiels überschätzen kleine Katzen oft ihre Kräfte. Bei Volldampfspielen also rechtzeitig bremsen oder das Spiel abbrechen. Alte Katzen nicht überfordern. Schwache und kranke Tiere brauchen Ruhe, zum Beispiel nach einer Operation.

Katzen sogar bis vier zählen können, haben der Verhaltensforscher Immanuel Birmelin und sein Team durch Versuche herausgefunden. Um geistig fit zu bleiben, brauchen deshalb vor allem Wohnungskatzen genügend Anregung.

In der Wohnung: Bieten Sie Ihrer Katze häufig neues, unbekanntes Spielzeug (→ Seite 11).

Machen Sie kleine Intelligenztests mit Ihrem Wohnungstiger. Deponieren Sie Leckerbissen so, dass Ihre Katze nur mit ein wenig Erfindungsgabe an den begehrten Happen herankommt (→ ab Seite 27).

Spielen in jedem Alter?

Kätzchen lernen durch Spielen, aber auch erwachsene Katzen halten sich damit in Form. Hauskatzen spielen in der Regel länger als ihre wilden Artgenossen. Sie haben bis ins hohe Alter Spaß am Spiel. Die Erklärung ist einfach: Katzen bleiben Kinder, wenn sie mit Menschen zusammenleben. Für eine Katze ist ihr Mensch die Oberkatze, also Mama. Entsprechend kindliche Verhaltensweisen legt sie an den Tag. Und gibt es etwas Schöneres, als mit „Mama“ zu spielen und zu schmusen? Das gemeinsame Spielen festigt und fördert die Bindung zum Partner Mensch. Besonders für Wohnungskatzen ist Spiel und Beschäftigung aber auch aus anderen Gründen wichtig. Nur so können Jagdleidenschaft und Beutefangverhalten – also angestaute Energie – in die richtigen Bahnen gelenkt werden. Der Tagesablauf draußen ist für Katzen abwechslungsreich. Revierkontrollgänge, Schlafen, Jagen und Gejagdwerden wechseln sich miteinander ab. Reine Wohnungskatzen schaffen sich oft selbst Ersatz,

um ihre überschüssige Energie loszuwerden. Eine Freundin erzählte mir von ihren beiden Persern, die manchmal wie von der Tarantel gestochen ins Zimmer schießen, wild im Kreis rennen, hoch an die Wand springen und genauso urplötzlich wieder das Zimmer verlassen, um sich seelenruhig ihrer ausgiebigen Fellpflege hinzugeben. Not macht in diesem Fall erfinderisch: „Kann ich nicht raus, muss ich mich eben mal kurz in der Wohnung austoben.“ Weiterhin brauchen Wohnungskatzen Anreize, um körperliche Fähigkeiten zu trainieren, Sinne zu schärfen und intelligent zu bleiben. Eine Wohnungskatze muss etwa drei- bis viermal so viel spielen wie eine Katze, die Freilauf hat. Sie sollten täglich etwa eine Stunde mit Mieze spielen – aufgeteilt in 15- bis 20-Minuten-Einheiten.

Spielpartner Artgenosse

Katzen sind individuelle Persönlichkeiten, die als Einzelgänger und als eigenbrötlerisch verschrieen sind. Das kann man jedoch so nicht stehen lassen. Im Gegenteil – eine Katze, die sich einmal an ihre Menschen, eine andere Katze oder sogar an ein anderes Tier gewöhnt hat, geht nicht selten eine enge Beziehung zu diesen Lebenspartnern ein. Wohnungskatzen schätzen Artgenossen, kommt doch Langeweile so erst gar nicht auf. Wie viel mehr Spaß machen wilde Verfolgungsjagden über Sessel und Tische, gemeinsame Ballspiele zum Beispiel mit einem Tischtennisball oder freundschaftliche Balgereien. Keine Angst, Sie werden jetzt nicht plötzlich Nummer zwei für Ihre Stubentiger. Sie bleiben Oberkatze – und damit Nummer eins. Sie werden nicht zum Dosenöffner degradiert. Spielen, Schmusen, Streicheln mit und von ihrer geliebten Oberkatze ist das Erstrebenswerteste für jede Katze. Und eifersüchtig wird darauf geachtet, dass der Artgenosse am Ende nicht etwa besser abschneidet. Problemlos kommen in der Regel Wurfgeschwister miteinander aus sowie Tiere, die sich bereits kennen. Schwieriger wird es manchmal, zwei fremde erwachsene Katzen aneinander zu gewöhnen, wenn sie im Wesen und Temperament nicht miteinander harmonieren. Es gibt auch Einzelgänger, die keinen Artgenossen in ihrer Nähe dulden.

Spielregeln

GENUSS OHNE REUE

WIE OFT SPIELEN?

Nehmen Sie sich etwa drei- bis viermal am Tag mindestens 15 bis 20 Minuten Zeit für intensives Spielen mit Ihrem kleinen Tiger.

WANN SPIELEN?

Führen Sie feste Spielzeiten ein, niemals jedoch unmittelbar nach dem Fressen. Respektieren Sie Ruhephasen und Fellpflege-Rituale Ihrer Samtpfote.

MACH MAL PAUSE

Akzeptieren Sie, wenn Ihre Katze keine Lust mehr hat, mit Ihnen weiter zu spielen, und sich davonschleicht. Katzen lehnen jede Form von Zwang und Druck ab. Vielleicht ist das Spiel Mieze auch ganz einfach zu langweilig geworden. Hat sie gespürt, dass Sie selbst nicht mehr mit ganzer Freude und Engagement bei der Sache waren und viel lieber auf der bequemen Couch liegen möchten?

WELCHE SPIELE?

Alles was mit Fangen, Rennen oder Geschicklichkeit zu tun hat, gefällt Katzen am besten. Dabei werden Jagdtrieb und Bewegungsdrang ausgelebt.

WER SOLL GEWINNEN?

Gönnen Sie Mieze das Erfolgserlebnis, sonst verliert sie schnell die Lust am Spiel. Sie muss die „Beute“ fangen und sich daran abreagieren können.

HÄNDE WEG!

Hände sind zum Streicheln da, nicht für wilde Kampfspiele. Im ausgelassenen Spiel wird mit ausgefahrenen Krallen „gekämpft“ und auch mal herzhaft zugebissen. Treibt Mieze es gar zu arg, entziehen Sie ihr die Spielhand und lenken Sie das Spiel auf einen anderen Gegenstand. Auch leichtes Anblasen der Katze hilft oft.

WELCHES SPIELZEUG?

Spielzeug in Mausgröße, das leicht zu transportieren ist und in die Luft gescheudert werden kann, ist ideal. Bällchen, Fellmaus, Federbüschel, Korken oder zusammengeknülltes Papier sorgen für ungetrübte Jagdfreude.

WIE VIEL SPIELZEUG?

Nicht zu viel auf einmal anbieten. Spielzeug immer mal wieder tauschen, damit es interessant bleibt. „Altes“ Spielzeug über Nacht in ein geschlossenes Gefäß mit getrocknetem Baldriankraut legen. Der Duft macht auch „Altes“ unwiderstehlich.

FAULE ANIMIEREN

Keine Lust zum Spielen? Von wegen. Wenn ein Federbüschel oder eine Fellmaus an der Katzenangel zuckt und Sie aufmunternd sprechen, wird auch der müdeste Sofatiger munter.

Neugierig

Alle Katzen sind neugierig, doch dieser Typ ist es ganz besonders. Er erforscht alles und jeden und gibt sich erst nach ausgiebiger Inspektion zufrieden.

Gesellig

Sie bevorzugt das Spiel mit einem Partner. Am liebsten Oberkatze Mensch, aber auch Artgenossen oder andere Tiere sind für ein Spielchen willkommen.

Kreativ

Erfindungsreich ist dieser kleine Tiger allemal. Er kommt auf die verrücktesten Ideen, um sich und andere zu unterhalten. Langeweile gibt es bei ihm nie.

Welcher Spieltyp ist

- ☐ Untersucht Ihre Katze alle neuen Gegenstände im Haus genau?
- ☐ Würde sie einen Weg finden, wenn sie irgendwo eingesperrt wäre?
- ☐ Hat sie selbst einen Weg gefunden, z. B. den Kühlschrank zu öffnen?
- ☐ Probiert sie, die Leckerli-Dose zu öffnen?

- ☐ Bringt Mieze Ihnen Spielzeug, damit Sie mit ihr spielen?
- ☐ Legt sie sich gern genau dorthin, wo Sie gerade arbeiten?
- ☐ Liefert sie sich mit Artgenossen Verfolgungsjagden?
- ☐ „Spricht“ sie gern mit anderen Tieren?

- ☐ Kann sich ihr kleiner Tiger gut allein beschäftigen?
- ☐ Reicht ihm z. B. schon ein Blatt Papier, um ein Spiel zu erfinden?
- ☐ Klaut er öfters Gegenstände, um damit zu spielen?
- ☐ Klettert er auch mal den Vorhang hoch?

Kreuzen Sie an, welche Aussagen auf Ihre Katze zutreffen. Ist Ihr Liebling ein kleiner

Akrobatisch

Sie ist schon fast olympiareif. Kein Sprung ist ihr zu hoch, ihre Knochen scheinen aus Gummi zu sein. Sportliche Spiele sind ihr Ding. Da gibt es kein Halten.

Zurückhaltend

Alles Neue ist ihr zuwider. Sie ist die Meisterin des Versteckspiels. Ob im Plüschtunnel oder der Schublade des Wäscheschranks: „Such mich doch!“

Kämpferisch

Raufen und Beute machen sind ihre Lieblingsspiele. Alles andere interessiert sie wenig. Für Tüftler- und Denkerspiele hat sie ganz und gar keinen Sinn.

Ihre Katze?

- ☐ Jagt sie am liebsten hinter dem Mäuschen an der Katzenangel her?
- ☐ Rennt sie sofort hinter dem Bällchen her, das Sie ihr werfen?
- ☐ Springt sie vom höchsten Schrank?
- ☐ Versucht sie manchmal, an der Wand hochzulaufen?

- ☐ Reagiert Ihre Katze sehr vorsichtig auf neues Spielzeug?
- ☐ Kann man ihr mit einer kuscheligen Decke große Freude machen?
- ☐ Verschwindet sie, wenn Besuch kommt?
- ☐ Lässt sie sich nur mit Leckerli aus ihrem Versteck locken?

- ☐ Attackiert Ihr Liebling gern Ihre Zehen oder Knöchel?
- ☐ Liebt er es, aus dem Hinterhalt anzugreifen?
- ☐ Mag er besonders Raufspiele, entweder mit Ihnen oder Artgenossen?
- ☐ Wird manchmal das Sofakissen wild mit den Hinterpfoten traktiert?

neugieriger Forscher oder doch mehr ein Akrobat? Oder etwa beides?

Die besten Spielideen für kleine Tiger

Katzen, die sich langweilen, werden schnell zu Selbstunterhaltern. Gardinen hinaufklettern oder in einem Schuh über den Flur schlittern – das sind noch harmlose Unterhaltungsprogramme. Dabei ist es ganz einfach, Miezes Bewegungsdrang und ihren Jagdeifer in angenehme Bahnen zu lenken.

Persönlichkeiten auf vier Pfoten

Katze ist nicht gleich Katze. Das weiß jeder, der eine Katze hat und sich mit anderen Katzenhaltern austauscht. So individuell die einzelnen Katzenpersönlichkeiten sind, so individuell sind auch ihre Vorlieben, Spielgewohnheiten und ihre Intelligenz. Vergnügen sich die einen begeistert mit einem einfachen Papierbällchen, finden andere dieses Spiel doof. Sie brauchen die Herausforderung, lieben Tüftelspiele, bei denen Köpfchen und Geschicklichkeit gefordert sind, oder sie bevorzugen wild verwegene Jagdspiele mit Partner Mensch oder Artgenossen. Finden Sie zusammen mit Ihrer Katze heraus, welches Spielzeug Ihren vierbeinigen Liebling am meisten interessiert und welche Spiele ihm besonderen Spaß machen. Ich habe Ihnen einen bunten Strauß von Spielideen zusammengestellt. Den Anfang machen Solospiele mit Spielzeug aus dem Zoofachhandel, Selbstgebasteltem oder Gegenständen, die es in jedem Haushalt gibt. Lustig wird's bei den Spielen mit Oberkatze Mensch. Fang-, Renn- und Lauerspiele oder gar kleine Kunststückchen einüben finden uneingeschränkten Anklang. Und dann sind da auch noch die Spiele mit Artgenossen!

Auch solo kann's spannend sein

Mit dem richtigen Spielzeug sind die schnurrenden Vierbeiner durchaus für Solospiele zu begeistern. Viele Vertreter der Mäuse fangenden Zunft haben sich längst ihr Lieblingsspielzeug selbst erkoren. Vielleicht eine Nuss, den Flaschenkorken oder die geliebte Fellmaus? Mieze ist es gleich, ob es sich dabei um ein teures Teil aus dem Laden handelt, ob Sie selbst kreativ geworden sind und ihr etwas gebastelt haben oder ob sie im Haus allein das passende Spielzeug für sich entdeckt hat. Hauptsache, sie findet es einfallsreich. Wenn Sie Spielzeug kaufen oder basteln, denken Sie einfach daran, was Katzen alles gern tun, dann kann eigentlich nicht viel schief gehen, um ihren Ansprüchen gerecht zu werden. Spielzeug muss leicht genug sein, damit es sich schubsen lässt oder mit einem Pfotenhieb in die Luft befördert werden kann. Man muss danach springen und vielleicht daran kratzen können. Und auch Spielzeug zum Ankuscheln steht hoch im Kurs. Übrigens ist eines klar: Wollen Sie Ihrem Liebling ein Spielzeug schmackhaft machen, genügt es nicht, ihm das Teil einfach vor die Nase zu legen. Lassen Sie das Bällchen rollen, werfen Sie die Fellmaus oder das Papierbällchen. Sprechen Sie aufmunternd dazu, um Spannung aufzubauen. Für Katzen ist alles nur dann interessant, wenn es sich bewegt.

Eine runde Sache

Bälle sind immer noch der Hit bei den meisten Katzen. Ein Bällchen, das über den Boden rollt, weckt den angeborenen Jagdinstinkt. Im Zoofachhandel gibt es ein nahezu unüberschaubares Angebot von Bällchen aus Schaumstoff, Vollgummi, Plüsch, Stoff, Nylon, Fell, Leder, Plastik oder Sisal. Angefangen von der Einfachversion bis hin zu Bällchen, in dessen Innerem es knistert, raschelt oder klingelt, die im Dunkeln leuchten, von allein zurückrollen oder die nach berauschender Katzenminze (Catnip) duften (→ Seite 22). Sehr beliebt sind auch Kugeln mit Löchern (Snackball), in die Leckerli gefüllt werden können. Kluge Katzen wissen bald, wie sie die Kugel schieben müssen, damit die Belohnung herausfällt. Für Vergnügen und Kurzweil sorgt das allemal.

Wie fit ist Ihre Katze?

DER KONDITIONS-TEST

Schon lange nicht mehr ausgiebig getobt? Das Bäuchlein ist ganz schön gewachsen? Da sollte man doch sicherheitshalber einen kleinen Fitness-Test mit der Katze machen, bevor es richtig losgeht. Besteht sie ihn ohne weiteres, steht Volldampfspielen nichts im Weg, andernfalls Spielzeiten langsam steigern.

1. Meine Katze kommt freudig herbei, wenn ihre Spielzeit mit mir ansteht.
Ja ☐ Nein ☐

2. Sie will nach einer Viertelstunde noch gern weiter spielen.
Ja ☐ Nein ☐

3. Sie rennt jedem Bällchen, das ich werfe, hinterher.
Ja ☐ Nein ☐

4. Die Aufforderung zum Spiel geht häufig von ihr aus.
Ja ☐ Nein ☐

5. Sie untersucht neugierig alles, was ihr in die Quere kommt.
Ja ☐ Nein ☐

6. Sie springt problemlos auf ihren Kletterbaum und selbst vom hohen Schrank.
Ja ☐ Nein ☐

7. Wenn irgendetwas raschelt, ist ihr Interesse sofort geweckt.
Ja ☐ Nein ☐

8. Wenn ich mit der Katzenangel wedle, springt sie sofort nach der „Beute“.
Ja ☐ Nein ☐

9. Sie fängt jedes Bällchen, das ich werfe oder rolle.
Ja ☐ Nein ☐

10. Sie klettert am liebsten auf den höchsten Schrank, weil sie von hier aus die beste Aussicht hat.
Ja ☐ Nein ☐

11. Sie läuft mir oft durch die ganze Wohnung nach.
Ja ☐ Nein ☐

12. Selbst beim Schmusen zeigt Mieze Schwung. Sie rollt sich herum oder stupst mich an.
Ja ☐ Nein ☐

13. Sie hat Spaß daran, kleine Kunststücke zu lernen, wie etwa von Stuhl zu Stuhl zu springen.
Ja ☐ Nein ☐

14. Sie bringt immer wieder Spielsachen und legt sie mir manchmal sogar vor die Füße.
Ja ☐ Nein ☐

Auflösung:
10 – 14-mal „Ja“: Ihr kleiner Tiger ist fit wie ein Turnschuh. 6 – 9-mal „Ja“: Nicht überwältigend, aber noch gut in Form. 0 – 6-mal „Ja“: Kondition langsam steigern.

Basteltipp: Viele Katzen fahren auf Leder ab. Wie wär's mit selbst gebastelten Bällchen aus Fensterleder? Das ist ungefährlich und lässt sich leicht verarbeiten. Dazu zwei Lederlappen aufeinander legen. Form und Größe des Bällchens aufzeichnen und ausschneiden. Ränder fest zusammennähen, aber ein Stückchen für die Füllung offen lassen. Nun das Leder wenden, sodass die Naht innen liegt, und den Ball mit Reis, Getreide oder Stofffetzen füllen und den offenen Teil zunähen. Wer möchte, kann das Ganze noch mit einem Glöckchen oder Federn versehen. Aus einem Tischtennisball wird so ein Snackball: Einfach ein oder zwei Löcher in den Ball schneiden (z. B. mit Hilfe eines Teppichmessers) und ein Leckerli in den Pingpong-Ball schieben. Die Löcher müssen natürlich so groß sein, dass Samtpfote nicht verzweifelt und die Lust verliert, bis der Leckerbissen endlich herauskullert.

Aus dem Haushalt: Alles was rollt, ist interessant. Beliebt sind Wein- oder Sektkorken, Papierbällchen, Nüsse wie Erdnüsse oder Walnüsse mit Schale, leere Garnrollen, Popcorn und rohe Nudeln. Auch Murmeln finden viele Katzen klasse. Sie sollten jedoch einen Mindestdurchmesser von drei Zentimetern haben.

TIPP
GEFÄHRLICH

Spielzeug muss so groß sein, dass es nicht verschluckt werden kann. Auf ungiftige Farben/Materialien achten! Aus Spielzeugmäusen eingesteckte Augen und Näschen entfernen. Wollknäuel wegräumen (Strangulationsgefahr!). Kein Spielzeug mit spitzen oder scharfen Kanten! Keine Plastiktüten – Erstickungsgefahr!

Was trainiert wird: Jagdverhalten, Kondition, Reaktion, Hörvermögen und Geschicklichkeit. Bei duftenden Bällen natürlich auch der Geruchssinn.

Mäusezirkus

Wenn schon keine echte Maus, dann doch wenigstens eine Spielzeugmaus. Auch sie gibt es in allen Variationen zu kaufen. Sogar aufziehbare und ferngesteuerte sind im Programm. Besonders fasziniert die Jägerin auf Samtpfoten allerdings oft das einfache Fellmäuschen, dessen Haarkleid in der Regel vom Kaninchen stammt. Der Verschleiß ist groß, und es kann nicht schaden, ein paar Ersatzmäuse in petto zu haben.

Basteltipp: Kennen Sie die bei Kindern so beliebten Überraschungseier? Sie eignen sich wunderbar, um ein Mäuschen daraus zu basteln. Das Innere des Plastikeis mit einigen Reiskörnern füllen oder ein Glöckchen hineinlegen. Aus einem Stück Pappe eine Scheibe mit einem Durchmesser von etwa 5 cm ausschneiden. Dann die Scheibe auf einer Seite bis zur Mitte einschneiden, eine Spitze formen und mit ungiftigem Klebstoff verkleben. Sie bildet die Nase des

Für Tüftler: In der Blüte der Seerose liegt ein Leckerli. Wie kommt man bloß an es heran?

Mäuschens und wird auf eine Seite des Überraschungseis geklebt. Jetzt Näschen und Körper der „Maus" mit Klebstoff einstreichen und alles sorgfältig mit naturfarbenen Sisalfäden umwickeln. Zum Schluss ein Stück des Fadens überstehen lassen. Und schon ist auch das Mäuse-Schwänzchen fertig.

Aus dem Haushalt: Da wird die Katze garantiert etwas zum „Mausspielen" finden – und wenn es die Eierwärmer sind.

Was trainiert wird: Jagdverhalten, Kondition, Hörvermögen, Geschicklichkeit. Bei duftenden Mäusen auch der Geruchssinn.

Es raschelt im Karton

Kartons, Kisten, Kästen, Schachteln, Tüten, Körbe – überhaupt jede Art von „Höhle" zieht kleine Tiger magisch an. Hier fühlt sich Katze sicher und geborgen und kann beobachten, ohne selbst gesehen zu werden. Auch Miezes unbändige Neugierde spielt hierbei zweifelsohne eine große Rolle.

Pappkarton: Die Idee ist alles andere als neu, doch immer noch wirkungsvoll – ein Karton mit Löchern lässt Katzenherzen höher schlagen (→ Foto, Seite 33). Also

Kartons nicht gleich entsorgen, sondern ein Katzen-Traumhaus daraus bauen. Und so geht's: Einen stabilen Karton, z. B. einen Umzugskarton, umstülpen und ein Türchen und mehrere Fenster hineinschneiden – fertig ist die Villa Kunterbunt. Im Häuschen sorgt zusammengeknülltes Papier für aufregenden Raschelspaß. Vielleicht findet Kätzchen sogar einen Leckerbissen. Fellmäuschen, Bänder oder eine Schnur so an den „Fenstern" befestigen, dass die Katze danach pfoteln kann. Wem solch ein farbloser Karton überhaupt nicht in seiner Wohnung gefällt, der kann ihn auch mit ungiftigen Farben anmalen. Wie wär's beispielsweise mit Gelb – dann sieht der Karton wie ein großer Käse aus.

Abenteuerkiste: Füllen Sie eine Kiste mit getrocknetem Herbstlaub (→ Foto, Seite 16) oder mit Heu. Für Wohnungskatzen eine Duftquelle, die aufregend raschelt, wenn man darin spielt. Auch eine Kiste mit Papier wird gern durchforstet.

1

1 *Es ist gar nicht so leicht, das hin und her schwingende Seil zu erklimmen.*

2 *Bei „Play-n'-scratch" wird die Kugel mit der Pfote gekickt, und in der Mitte des Spielzeugs darf gekratzt werden.*

3 *Für La Bomba gibt es nichts Herrlicheres, als die Fellmaus in die Luft zu schleudern und sie dann geschickt zu fangen.*

4 *„Crazy circle" heißt dieses Spielzeug. Die Kugel wird mit der Pfote angestupst, und Mieze versucht, sie zu fangen.*

2

3

4

Körbe: Ob Einkaufskorb oder dekorative Körbchen für allerlei Krimskrams – Körbe erfreuen sich in Katzenkreisen besonderer Beliebtheit. Von dem Naturgeflecht gehen für Katzen scheinbar wunderbare Düfte aus, man kann die Krallen daran wetzen und sich auch noch supertoll darin verstecken. Fantastisch, wenn Herrchen oder Frauchen oder der Katzenpartner zufällig vorbeikommen und man sie mit einem Sprung aus dem Korb erschrecken kann.

Amphoren/Tonkrüge: Wunderbar zum Verstecken und Erforschen sind Amphoren, bevorzugt liegend, damit man sie als Tunnel (→ rechts) nutzen kann. Tontöpfe jeder Art bieten ebenfalls Versteckmöglichkeiten und sind so schwer, dass sie nicht gleich umfallen, wenn auch mal ein etwas schwergewichtiger Vertreter hineinspringt. Natürlich ist es herrlich, wenn sich Kätzchen durch raschelndes Papier, Laub oder Stroh arbeiten muss, um vielleicht ganz hinten oder ganz unten etwas Leckeres zu finden.

Was trainiert wird: Vor allem Tastsinn und Geruchssinn.

Unter Tage

Katzen sind die geborenen Höhlenforscher (→ Seite 19). Im Spieltunnel können sie dieser Leidenschaft aufs Beste frönen. Auch hier bietet der Fachhandel wunderschöne Modelle in den verschiedensten Größen, Formen, Farben und Materialien.

Basteltipp: Ein langer Karton (z. B. die Verpackung eines Regals) wird zur tollen Spielhöhle. Dazu den Karton wieder sorgfältig mit Klebeband verkleben und einige runde Löcher in die Seitenteile des Kartons schneiden. Das sind die „Höhleneingänge“. Viele Katzen lieben es, wenn der Durchgang nur so groß ist, dass sie sich gerade so hindurchquetschen können. Den Karton zur Hälfte mit raschelndem Papier füllen.

Aus dem Haushalt: Im Dunkeln munkeln Kätzchen auch gern in Einkaufstüten aus Papier, unter Decken am besten mit Geruch nach Mensch, dem Teppich, Sofakissenburgen, Zeitungsdächern oder auf den Boden herabhängende Vorhänge und Tischdecken.

Was trainiert wird: Tastsinn und Gehör.

3 *Na, so was, Mimi kann das Ding unter dem Teppich einfach nicht festhalten. Noch ein Stückchen, und die kleine Britin ist ganz unter dem Teppich verschwunden. Wäre doch gelacht, wenn es Katze nicht gelänge, das Mäuschen zu fangen! So schnell gibt Mimi jedenfalls nicht auf.*

1 *Das weckt nicht nur Mimis Lebensgeister. Ein Stock mit Federbusch, der unter und über dem Teppich bewegt wird, facht den Jagdeifer unglaublich an.*

2 *Was ist denn nur unter dem Teppich? Kann das eine Maus sein? Mimi muss gleich nachschauen und steckt den Kopf neugierig unter den Teppich.*

Duftes Spielzeug

Etwa 50 Prozent der Katzenwelt fährt total auf Katzenminze (Catnip) ab. Die Pflanze enthält ein ätherisches Öl, das auf Katzen eine ähnliche Wirkung wie Marihuana auf Menschen hat. Mieze gerät in einen tranceähnlichen Zustand. Sie ist „high“. Die andere Hälfte der Katzen macht sich überhaupt nichts daraus, und das ist erblich bedingt. Junge Kätzchen bis zum 3. Monat lassen die Pfoten völlig davon, obwohl der Katzenminze-Trip keinesfalls gesundheitsschädlich ist. Probieren Sie am besten aus, zu welcher Gruppe Ihr vierbeiniger Liebling gehört. Catnip-Spielzeug wird im Fachhandel in jeder Form angeboten: Mäuschen, Säckchen, Söckchen, Bällchen – für jeden Geschmack etwas. Aber auch andere Düfte verwöhnen das Katzennäschen und rufen Glückszustände hervor, wie etwa Baldrian, Basilikum, Dill, Lavendel, Melisse und Vanille.

Basteltipp: Nähen Sie Ihrem kleinen Tiger ein Spielzeug (→ Seite 16) und füllen Sie es mit getrockneten Katzenminze-Blättern oder Baldriankraut oder beträufeln Sie es mit einigen Tropfen ätherischen Öls der genannten Kräuter. Leider lässt der Duft von ge-

3

trockneten Kräutern schnell nach. Legt man das Spielzeug jedoch über Nacht in ein geschlossenes Gefäß mit dem entsprechenden Kraut, frischt der Duft wieder auf.
Socken: Apropos Glückszustand. Einen getragenen Socken von Herrchen oder Frauchen lieben viele Katzen über alles.
Was trainiert wird: Der Geruchssinn.

INFO

SIND FARBEN WICHTIG?

Wird Spielzeug für Katzen interessanter, wenn es eine leuchtende Farbe hat? Nein. Katzen können Farben nur schlecht unterscheiden. Ihre Augen sind besonders auf das Sehen im Zwielicht eingerichtet. Man weiß heute, dass Katzen zwischen folgenden Farbpaaren unterscheiden können: Rot und Grün, Rot und Blau, Rot und Grau, Grün und Blau, Grün und Grau, Blau und Grau, Gelb und Blau und Gelb und Grau.

Verbandelt

Schnüre, Bänder, Seile jeder Art erregen immer Miezes Aufmerksamkeit, vor allem, wenn sie von irgendwo herabbaumeln (→ Seite 42). Ganz besonders beliebt sind Spielmäuse oder Bällchen, die an einer langen Gummischnur tanzen und mit Hilfe von Klemmen am Türrahmen befestigt werden (etwa 60 bis 70 cm vom Boden). Hier kann sich Mieze bis zum Umfallen austoben. Besser, Sie behalten Ihren kleinen Spielteufel dabei im Auge. Es soll schon Fälle gegeben haben, wo sich Katzen so im Gummiseil verheddert haben, dass sie sich nicht mehr befreien konnten. Gut verankerte Kletterseile oder gar kleine Strickleitern gibt es im Zoofachhandel zu kaufen. Schauen Sie mal bei Spielzeug für Papageien vorbei.
Basteltipp: Aus den Streifen eines alten T-Shirts oder den Beinen kaputter Strumpfhosen kann man Zöpfe flechten. Dazu die Streifen an einer Seite zusammenknoten, dann ein Stück flechten, unteres Ende verknoten, etwa 10 cm ungeflochtene Streifen übrig lassen. Der leichte Zopf lässt sich herumtragen, wegschleudern und er riecht nach dem geliebten Menschen.
Aus dem Haushalt: Luftschlangen, Vorhangquasten, Geschenkbänder, Paketschnur (→ Seite 25), Taue mit Knoten (→ Seite 42).
Was trainiert wird: Bei hängenden Seilen die Kondition und das Klettervermögen; bei Gummibändern im Türrahmen Kondition und Reaktion; bei Zöpfen der Geruchssinn.

„Mensch, spiel mit mir!“

Katzen akzeptieren feste Spielzeiten mit ihrem Menschen. Doch der beste Zeitpunkt für ein ausgelassenes Spiel ist abends vor dem Essen. Das ist artgerecht, denn draußen jagen Katzen in den frühen Abendstunden und verausgaben sich bei der Jagd, bevor die Maus verspeist werden kann. Durch Bewegung wird auch die Verdauung gefördert. Also: Auf los geht's los mit der gemeinsamen Spielstunde!

Spiele zum Austoben

Katzenangel: Wenn Federbüschel, Bänder oder Bällchen an der Angel tanzen, kann kein Kätzchen widerstehen. Aber es liegt an Ihnen, wie interessant Sie das Spiel gestalten und den Jagdeifer Ihres kleinen Tigers auf die imaginäre Beute anfachen. Wer Mieze das Federbüschel nur vor die Nase hält, lockt keine Samtpfote hinter dem Ofen hervor. Spannung aufbauen heißt die Devise. Rufen Sie Mieze mit lockender Stimme und zeigen Sie die „Beute“. Bewegen Sie sie langsam auf dem Boden vor ihr hin und her. Lassen Sie ihr Zeit, in Lauerstellung zu gehen und sich anzuschleichen. Dann wird die „Beute“ immer schneller. Sie schlängelt sich im Zickzack, vor und zurück, auf und ab, wird langsamer und dann wieder schnell – genau wie eine richtige Maus oder ein Vögelchen. Noch spannender wird es, wenn die „Beute“ versucht, sich hinter ein Tischbein, die Tischdecke oder gar den Schrank „hochzuretten“. Im Zoofachhandel finden Sie eine gute und reichliche Auswahl von Katzenangeln. Aus Federbüscheln oder Bändern unbedingt Stanniolstreifen entfernen!
Zum Basteln einer Katzenangel z. B. einen dünnen biegsamen Weidenzweig mit einer Schnur versehen und ans Ende der Schnur Papierbällchen, Fellmäuschen oder Korken

INFO
SOFATIGER ODER SPIELTEUFELCHEN?

Perser gelten als ruhige Rassekatzen. Doch es gibt natürlich auch Ausnahmen. Den einzelnen Rassen werden folgende Temperamente zugeschrieben:

- **Besonders ruhig: alle Perser, Britisch Kurzhaar und Exotisch Kurzhaar.**
- **Etwas lebhafter: Heilige Birma, Maine Coon, Russisch Blau, Sibirische und Norwegische Waldkatze.**
- **Besonders temperamentvoll: Burma, Siamesen, Somali, Abessinier, Orientalisch Kurzhaar, Balinese, Javanese, Bengalkatze.**

Die erfinderische Angelina ist fasziniert. Sie versucht, die Wassertropfen am Springbrunnen zu fangen. Doch wie kann das klappen, ohne dabei nass zu werden? Da wird sich Angelina noch etwas ganz Besonderes einfallen lassen müssen – doch bei ihrer Kreativität sicher kein allzu großes Problem.

TIPP

RICHTIG SPIELEN

Katzen mögen es besonders gern, wenn ihr Mensch auf gleicher Augenhöhe mit ihnen spielt. Begeben Sie sich also hin und wieder auf den Boden, um Mieze glücklich zu machen. Gleichzeitig ein kleines Fitness-Training für Sie selbst.

befestigen – fertig. Besonders „naturecht" ist das Beutespiel unter der Decke oder dem Teppich (→ Fotos, Seite 22/23).
Übrigens erregen auch eine einfache Schnur, Geschenkbänder (→ „Verbandelt", Seite 23) oder Spielbänder aus dem Fachhandel, die sich über den Boden schlängeln, die Aufmerksamkeit der kleinen jagdwütigen Tiger. Achtung! Schnüre und Bänder immer wegräumen, damit sich die Katze ohne Aufsicht nicht darin verheddert oder gar stranguliert!
Was trainiert wird: Kondition, Reaktion, Gehör, Jagdverhalten.

Lichtspiele: Lichtpunkte fangen – ein echtes Wahnsinnsspiel für Katzen, so lange, bis sie merken, dass sich der Punkt gar nicht fangen lässt. Dann ist's vorbei mit dem Interesse. Doch aufgestaute Energie hat's allemal gekostet, und Spaß gemacht hat's auch. Vielleicht waren Frauchen oder Herrchen ja sogar so schlau, den Lichtpunkt auf etwas Greifbares wie etwa die Sisalmaus zu lenken. Unter dem Begriff „Fun-Light" und „Laserpointer" werden im Fachandel Licht-Spielzeuge für Katzen angeboten. Während das Fun-Light durch eine besondere Spiegeltechnik unbedenkliche weiße Lichtstrahlen aussendet, sind die roten Laserstrahlen der Laserpointer nicht unbedenklich. Direkt ins Auge gerichtet, können die Strahlen Netzhautschäden bei Mensch und Tier verursachen. Also Vorsicht mit Laserpointern! Kostenlosen Lichtpunkt-Spaß bringen der Strahl einer Taschenlampe oder Sonnenstrahlen, die mit einem kleinen Taschenspiegel eingefangen werden.

Was trainiert wird: Kondition und Reaktion. Darauf achen, dass sich das Tier nicht zu sehr verausgabt. Für alte Katzen sind Lichtspiele zu anstrengend.

Das Jägerspiel: Einmal Jäger, einmal Gejagter – so bleiben Mensch und Katze fit. Ihr kleiner Animateur läuft mit Buckel, gesträubtem Fell und hoch aufgerichtetem Schwanz auf steifen Beinen vor Ihnen her? Dann heißt es Mitmachen und zwischendurch mal hinter der Gardine, der Tür oder hinter dem Sofa verstecken, damit's besonders spannend bleibt. Oder Sie drehen den Spieß einfach um und jagen Mieze.

Was trainiert wird: Kondition und die Bindung zum Menschen wird gefestigt.

Squash: Unermüdlich Bällchen fangen – da vergeht die Zeit wie im Flug. Sie werfen das Bällchen an die Wand, und Kätzchen muss es fangen. Dabei kommt es zu akrobatischen Höchstleistungen. Squash funktioniert übrigens auch in der Badewanne hervorragend. La Bomba spielt am liebsten Murmel-Squash. Sie holt sich Murmeln aus dem Kinderzimmer und kickt sie scheppernd durch die Wanne (→ Seite 18).

Ganz in Spiellaune. Auf dem Rücken liegend tatzelt Silvester nach dem Wedel.

Was trainiert wird: Jagdverhalten, Kondition, Reaktion und Sprungkraft. Für alte Katzen ist Squash zu anstrengend.

Papierflieger/Federn: Wenn sie durch die Luft segeln, animiert das zum blitzschnellen Handeln: Wie war das noch mit der fliegenden Beute? Mit einem Schraubensprung hoch in die Luft und mit einem gezielten Tatzenhieb Beute auf den Boden befördern.

Was trainiert wird: Kondition, Reaktion, Jagdverhalten („Vogel-Abschlagen") und Sprungkraft. Alte Katzen nicht überfordern.

Seifenblasen: Viele Katzen finden die glitzernden Blasen faszinierend. Doch wenn sich keine fangen lässt, wird's nach einiger Zeit langweilig. Aber für Abwechslung sorgen die bunten Kugeln immer.
Was trainiert wird: Kondition, Reaktion, Jagdverhalten („Vogel-Abschlagen") und Sprungkraft. Alte Katzen nicht überfordern.

> **TIPP**
> **POLSTERFOLIE**
> **Kennen Sie das Verpackungsmaterial mit den Luftblasen? Ein Super-Spielspaß nicht nur für Katzen. Auch ich knacke die Bläschen gern. Doch zugunsten Celinas halte ich mich zurück. Drauftreten, mit den Krallen anritzen und schon knackt's. Das macht Laune.**

Besenspiel: Katzen „reiten" gern auf Besen. Das hört sich komisch an, entspricht aber den Tatsachen. Probieren Sie's doch einfach einmal aus. Lassen Sie Ihre Katze auf den Besen aufspringen und kehren Sie dann die Küche. Vielleicht wussten Sie noch gar nicht, welch' großen Spaß das Ihrem Liebling macht?
Was trainiert wird: Vor allem Ihre Kondition und Miezes Gleichgewichtssinn.

Für Katzen mit Köpfchen

Katzen sind – ebenso wie Menschen – unterschiedlich intelligent. Finden Sie heraus, wie schlau Ihr Kätzchen wirklich ist. Beherbergen Sie vielleicht einen kleinen Einstein? Dann heißt's in Zukunft öfters Kopfnüsse knacken. Nur so bleiben kleine Tiger geistig fit und kommen nicht auf dumme Gedanken.

„Rollpappe"

Sie brauchen: eine Papprolle z. B. vom Küchenpapier; dünnes, raschelndes Papier wie etwa Papier aus dem Schuhkarton; einige Leckerli.
So wird's gemacht: Legen Sie die Leckerli in die Papprolle und verschließen Sie die Enden locker mit raschelndem Papier. Mieze muss nun ganz schön arbeiten, bevor sie an die begehrten Bissen herankommt. Eine weitere Variante: Schneiden Sie zwei bis drei pfotengroße Löcher in die Papprolle und verschließen Sie die Enden

fest mit Papier. Jetzt muss Ihr kleiner Tüftler durch die Löcher nach den Leckerbissen angeln.
Was trainiert wird: Intelligenz, Tastsinn, Geruchssinn und Geschicklichkeit.

Das Seerosen-Spiel

Sie brauchen: eine flache Schüssel, Wasser, künstliche schwimmende Blüten, etwa Seerosen (→ Foto, Seite 19), Leckerli.
So wird's gemacht: Schüssel mit Wasser füllen, in eine Blüte ein Leckerli deponieren, zwei oder drei Blüten im Wasser schwimmen lassen. Jetzt muss der vierbeinige Angler versuchen, das Leckerli in der Seerose zu ergattern – und das möglichst, ohne nass zu werden. Ganz schön knifflig, aber für kluge und geschickte „Fischer" durchaus machbar. Natürlich können Sie auch Korken zusammenbinden und als kleines Floß mit Belohnungshäppchen schwimmen lassen oder Papierschiffchen mit Leckerli beladen.
Was trainiert wird: Intelligenz, Geruchssinn und Geschicklichkeit.

„Fische" angeln

Sie brauchen: ein kugelförmiges Glasgefäß, Wasser, schwimmfähiges Spielzeug aus dem Fachhandel oder z. B. Korken oder Tischtennisbälle aus dem Haushalt.
So wird's gemacht: Gefäß mit Wasser füllen und schwimmfähiges Spielzeug hineinlegen. Ihr kleiner Fischer soll nun „Fische" fangen.
Was trainiert wird: Intelligenz, Geschicklichkeit, Jagdverhalten („Angeln").

Becherparade

Sie brauchen: drei Pappbecher und ein Leckerli.
So wird's gemacht: Stülpen Sie die Becher um und stellen Sie sie in einer Reihe auf. Verstecken Sie vor den Augen Ihrer Katze ein Leckerli unter einem der Becher. Tauschen Sie nun die Becher untereinander. Findet Mieze zielsicher heraus, wo was versteckt ist? Natürlich eignen sich auch locker abgedeckte kleine Schachteln für dieses lustige Spiel.

4

1 *Isabella möchte spielen. Zuerst hinter der Tischdecke verstecken und dann neckisch dahinter hervorschauen.*

2 *Unter dem Hocker, halb versteckt hinter der Tischdecke, reibt Isabella ihr Näschen an der Decke.*

3 *Isabella geht in Lauerstellung. Gleich wird die Beute angesprungen.*

4 *Abessinierkater Foxi spielt hingebungsvoll mit seinem Frauchen.*

Was trainiert wird: Intelligenz, Tastsinn, Geruchssinn und Geschicklichkeit.

Schuhkarton

Sie brauchen: einen Schuhkarton mit Deckel, raschelnde Papierbällchen (z. B. das Papier aus dem Schuhkarton oder Butterbrotpapier) und ein Leckerli.

So wird's gemacht: In die Seiten und in den Deckel des Kartons pfotengroße Löcher schneiden. Papierbällchen und Leckerli in den geschlossenen Karton legen. Jetzt kommt es ganz auf die Katze an. Schafft sie es, den Deckel zu öffnen, oder versucht sie, den Leckerbissen geschickt durch die Löcher zu angeln? Man darf gespannt sein, wie Mieze dieses Problem löst. Sicher ist nur eines: Sie wird eine ganze Weile mit dem Fall „XY ungelöst" beschäftigt sein. Doch Ausdauer lohnt sich.

Was trainiert wird: Intelligenz, Tastsinn, Geruchssinn, Gehör und Geschicklichkeit.

Manege frei

Es gibt Katzen, die scheinen zum Showstar geboren zu sein. Sie genießen es außerordentlich, im Mittelpunkt zu stehen. Manche lassen sich dafür sogar herab, kleine Kunststücke zu lernen. Doch einfach wird das Training nicht, denn Katzen sind keine Hunde. Die unabhängigen Samtpfoten machen nur das, was ihnen gefällt und so lange es ihnen Spaß macht. Zwingen Sie Ihren kleinen Star zu nichts. Nutzen Sie stattdessen seine natürlichen Fähigkeiten und seine kleinen Schwächen für beispielsweise ein Stückchen gekochten Putenschinken oder ein Häppchen Vitaminpaste. Und noch eines: Nie direkt nach dem Essen trainieren!

Am Anfang steht das „Sitz“

Bei jeder Übung ist es wichtig, dass die Katze auf ihren Namen hört und herbeikommt, wenn Sie sie lockend rufen. Doch sich auf Kommando hinzusetzen erfordert schon ein wenig Übung, obwohl auch dies die Grundvoraussetzung für weitere Kunststückchen ist.
So geht's: Vor dem Füttern die Katze auf den Tisch setzen. Sie sitzen auf einem Stuhl vor ihr und halten in einer Hand ein Leckerli. Wahrscheinlich hat Mieze bereits von sich aus erwartungsvoll die Sitzposition eingenommen, doch sie hat noch nicht gelernt, dies auf Kommando zu tun. Halten Sie ihr nun den Leckerbissen vor die Nase. Mieze erhebt sich, um daran zu schnüffeln. Jetzt den Happen über ihren Kopf nach oben, zwischen ihre Ohren, bewegen. Mieze setzt sich wieder. Während sie sich hinsetzt, ihren Namen und das Wort „Sitz“ sagen. Erst dann gibt's die Belohnung.
Was trainiert wird: Intelligenz.

TIPP
VON DRAUSSEN

Denken Sie beim nächsten Spaziergang an Ihre Katze zu Hause. Sie freut sich über ein interessant riechendes Mitbringsel wie zum Beispiel Federn, einen Tannenzapfen, Eicheln, Kastanien, Weizenähren, ein Sträußchen frischer Katzenminze, ein Stück Treibholz oder federleichte Rindenstückchen.

Springen auf Kommando

Die bekannte Fotografin und Tierbuch-Autorin Monika Wegler plauderte mit mir über ihre kätzischen Fotomodelle und wie sie einen Sprung von Stuhl zu Stuhl mit ihnen übt.
So geht's: Sie brauchen zwei stabile Stühle mit rutschfester Sitzauflage z. B. aus Stoff oder Weidengeflecht. Es darf nichts wackeln oder zu glatt sein, sonst wird die Katze verunsichert. Stellen Sie die Stühle in einem Abstand von etwa 50 cm mit den Sitzflächen nach innen auf. Nehmen Sie einen Leckerbissen, den

Eine Herausforderung für kluge Katzen. Wer kommt am schnellsten an die Leckerli?

Ihr Kätzchen am liebsten mag. Gehen Sie nun hinter einem der beiden Stühle in die Hocke und locken Sie das Tier etwa mit den Worten „Hhm, Leckerli, Hopp!“ auf den Stuhl. Springt Mieze hinauf, wird sie gestreichelt, gelobt und bekommt ihren Belohnungshappen. Diese Übung so lange wiederholen, bis die Katze begriffen hat, worum es geht. Als nächsten Schritt die Katze auf den Stuhl springen lassen, während Sie hinter dem gegenüberliegenden Stuhl in die Hocke gehen. Locken Sie Mieze nun mit Ihrer Stimme und der in Katzenkreisen so beliebten Katzenangel (→ Seite 24). Springt die Katze, ist wieder eine kleine Belohnung fällig. Erweitern Sie die Sprungstrecke stückchenweise, wenn mehrere Sprünge erfolgreich absolviert wurden. Kleine Schlauberger und Faulpelze versuchen manchmal, einen Zwischenstopp auf dem Fußboden einzulegen und nicht direkt zu springen. Lassen Sie dann ein strenges „Nein!“ ertönen. Die Belohnung fällt natürlich aus. Nicht länger als 10 Minuten hintereinander üben!

Was trainiert wird: Intelligenz und vor allem die Kondition.

Gib Pfötchen

In Hundekreisen würde man sich sicher über diese kleine Übung amüsieren, denn fast jeder Hund beherrscht sie. Doch die Katzengesellschaft sieht das anders. „Pfötchen geben" kann sein – muss aber nicht.
So geht's: Die Katze sitzt vor Ihnen (→ Seite 30). Lassen Sie nun eine Schnur mit einem Papierbällchen oder einer Fellmaus über ihrem Kopf hin- und hertanzen. Wenn Ihr kleiner Tiger die Pfote hebt und danach tatzelt, sagen Sie im gleichen Moment, wenn er das Bällchen oder die Maus berührt: „Gib Pfötchen, Maxi." Wenn Ihr Kätzchen begriffen hat, was es tun soll, reicht später auch der kleine Satz allein aus, um sie zum Pfötchengeben zu bewegen. Doch eine kleine Belohnung sollte immer drin sein.
Was trainiert wird: Intelligenz, Reaktion, Tastsinn und die Bindung zum Menschen.

Bring's mir

Apportieren ist eigentlich eine leichte Übung, denn Katzen mit Freilauf bringen ihrem Menschen häufig ein kleines Mäuse-Geschenk von der Jagd mit. Übrigens ein Zeichen dafür, dass Mieze sich zu Hause sicher und geborgen fühlt. Doch etwas auf Kommando herbeizubringen ist bei Katzen reine Willenssache. Manche mögen's, andere wollen das doch lieber dem Hund überlassen. Probieren Sie aus, ob Ihr eigenwilliger Liebling Lust zum Apportieren hat.
So geht's: Wählen Sie ein kleines, weiches Lieblingsspielzeug Ihrer Katze, das sie leicht mit den Zähnen packen kann. Spielen Sie vor ihren Augen ein wenig damit und wecken Sie so ihr Interesse. Werfen Sie das Spielzeug in ihre Nähe. Sobald sie das Spielzeug berührt, sagen Sie: „Bring's!" Natürlich wird sie nicht beim ersten Mal darauf reagieren. Lassen Sie sie eine Weile allein mit dem Spielzeug spielen. Heben Sie es dann auf und wiederholen Sie das Ganze. Vielleicht geht' s auch einfacher: Wenn Mieze ein Spielzeug im Mäulchen umherträgt, nehmen Sie es ihr im Austausch gegen einen Leckerbissen weg und werfen es mit dem Wort „Bring's!" zu ihr hin. Zugegeben, das ist eher Hundemanier, doch manchmal funktioniert es auch bei Katzen.

INFO

KEINE LUST ZUM SPIELEN?

Katzen mit Freilauf finden draußen genug Anregung. Sie sind längst nicht so „spielwütig" wie reine Wohnungskatzen. Vielleicht ist Ihr vierbeiniger Liebling aber auch einfach zu dick und die Bewegung fällt ihm schwer. Animieren Sie ihn z. B. mit der Katzenangel (→ Seite 24). Tempo langsam steigern! Schließen Sie aus, dass Ihre Katze krank ist. Tiere, die Schmerzen haben, sind nicht zu Spielchen aufgelegt.

1 Silvester und Frederik vertreiben sich die Zeit mit wilden Raufereien. Zu zweit kommt selten Langeweile auf.

2 Burgfest: Ein Karton mit Löchern ist für die meisten Katzen etwas Wunderbares, um sich zu beschäftigen. Kater Felix hockt im Karton, seine Schwester Sirena darauf. Sirena hält Ausschau – was lässt sich denn als Nächstes für ein nettes Spielchen nutzen?

Übrigens apportieren einige Katzen ganz von sich aus, indem sie ihrem Menschen kurzerhand das Spielzeug vor die Füße legen. Das heißt dann übersetzt: „Los, spiel mit mir!"
Was trainiert wird: Kondition, Reaktion und Jagdverhalten.

„Tanzende" Katze

Zugegeben, es hört sich aufregender an, als es ist, denn gemeint ist hier lediglich, dass sich die Katze auf die Hinterpfoten stellt. Doch ehrlich, bewundern wir im Zirkus nicht gerade Raubtierdressuren und besonders die Schlussnummer, wenn alle Großkatzen gleichzeitig auf den Hinterpfoten stehen und sich vom Publikum verabschieden? Ein atemberaubender Anblick. So ein ganz klein wenig als Dompteur fühlt man sich wohl auch, wenn sich der eigene kleine Tiger auf das Kommando „Hoch" nach oben reckt – oder etwa nicht?
So geht's: Für unsere Haustiger ist es gar nicht so unnatürlich, auf zwei Beinen zu stehen. Schließlich passiert das des Öftern auch einmal bei der Jagd, um an das „Objekt der Begierde" heranzukommen. Wenn die Katze vor Ihnen sitzt, zeigen Sie ihr einen Lecker-

bissen oder die geliebte Katzenangel. Wenn sie den Happen nehmen möchte oder anfängt, nach dem Bällchen an der Angel zu pfoteln, halten Sie Leckerbissen oder Angel immer höher, bis sie auf den Hinterbeinen steht. Geben Sie jetzt das Kommando „Hoch!“ und warten Sie einen Moment, bevor Sie ihr den Leckerbissen geben bzw. sie das Bällchen in den Pfoten halten darf. Diese Übung lernen Katzen schnell.
Was trainiert wird: Intelligenz und natürlich auch Kondition.

Balanceakt

Balancieren können Katzen im Schlaf, und in einer katzengerechten Wohnung sollte es einige Möglichkeiten zum Trainieren des Gleichgewichtssinns geben (→ ab Seite 36). Doch an dieser Stelle geht es ja darum, kleine Kunststücke einzuüben, die nicht nur das Band zwischen Katze und Mensch festigen, sondern auch beiden Spaß machen. Ganz nebenbei bleiben Mensch und Katze beim gemeinsamen Spiel in jeder Hinsicht fit.
So geht's: Das imaginäre Hochseil Ihres kleinen „Seiltänzers“ besteht am einfachsten aus zwei Stühlen und einem Holzbrett. Achten Sie darauf, dass das Brett nicht zu glatt ist, fest aufliegt und nicht wackelt. Üben Sie mit Mieze zunächst das Hochspringen auf das Brett, wie in der Übung „Springen auf Kommando“(→ Seite 30) beschrieben. Wenn das klappt, stellen Sie sich auf die gegenüberliegene Seite und animieren Ihre Katze mit lockender Stimme und dem Kommando „Na, komm, Mimi!“, einem Leckerbissen oder der Katzenangel, über das Brett zu laufen. Auf der anderen Seite angekommen, gibt es eine weitere Belohnung. Bald bewegt sich Mieze in katzentypischer Eleganz nur auf Zuruf über den Laufsteg. Natürlich lässt sich der Schwierigkeitsgrad der Übung erhöhen. Das Brett wird schmaler oder durch ein Hochseil ersetzt (→ Foto, Seite 39).
Was trainiert wird: Intelligenz, Gleichgewichtssinn und Kondition.

La Bomba und Flori trainieren an der kleinen Strickleiter ihre Geschicklichkeit.

Katzen und ihre Freunde

Dem Spiel von Katzen mit Artgenossen ist nur wenig Platz in diesem Ratgeber gewidmet. Nicht ohne Grund: Wenn sich Katzen miteinander verstehen, erübrigt sich im Grunde jede Spielidee. Die haben Katzen dann schon ganz von allein. Wilde Verfolgungsjagden, herzhafte Balgereien, Versteckspiele, gemeinsam Interessantes entdecken (wenn ihnen Entsprechendes geboten wird, → ab Seite 36), all das macht ein Wohnungskatzen-Leben zu zweit lebenswert. Sich gleich zwei und mehr Katzen anzuschaffen ist besonders dann sinnvoll, wenn die Tiere viel allein zu Hause sind. Kaum ist jedoch ihr Mensch wieder da, nimmt er sofort den ersten Platz bei seinen schnurrenden Vierbeinern ein. Ein ausgiebiges Spiel mit Oberkatze Mensch ist eben durch nichts zu ersetzen. Vielleicht ein kleines Spielchen zu dritt gefällig? Da bietet sich ein zünftiges Pingpong-Spiel an. Der Mensch übernimmt die Rolle des Balljungen und sorgt dafür, dass der Tischtennisball immer wieder den Weg von einer Katze zur anderen findet. Auch das Torwart-Spiel gefällt vielen Katzen ganz besonders gut. Ein großer Karton oder der Türrahmen bildet das Fußball-Tor. Die Katze steht im Tor. Werfen Sie nun kleine Papierbällchen auf das Tor. Ihre kleinen Tiger fangen garantiert jeden Ball im Flug. Spannend wird es, wenn eine Fellmaus oder ein Bällchen an der Schnur über den Boden huscht. Wer ist der Schnellste beim Fang der Beute?

TIPP

SPIELEN MACHT DURSTIG

Eigentlich ist es überflüssig, darauf hinzuweisen, denn bei fürsorglichen Katzenhaltern ist Miezes Wassernapf immer gefüllt. Denken Sie besonders im Eifer des Spiels an frisches Wasser, damit Ihr vierbeiniger Partner nie vor leerem Napf steht, wenn er Durst hat.

Spiel und Abenteuer: Spielplatz Wohnung und Balkon

Könnte man Katzen über ihre Meinung zu Menschenwohnungen befragen, würden wir wahrscheinlich Folgendes zu hören bekommen: „Hier gibt's zu wenig Versteckmöglichkeiten, keine geeigneten Aussichtsplätze, und richtig klettern kann man auch nirgendwo!" Das lässt sich ändern ...

So möchten Katzen leben

Wir stehen im wahrsten Sinne des Wortes mit beiden Beinen auf dem Boden. Katzen nicht. Das gute und sichere Gefühl, alles im Blick zu haben, gibt nur ein Aussichtsplatz von hoher Warte. Wir leben vorwiegend auf einer Ebene. Katzen nicht. Auf den Kontrollgängen durch ihr Revier nutzen Samtpfoten zwar gern die gleichen Pfade, doch die können über Dächer, Zäune und Bäume führen. Draußen durchstreifen Katzen mehrmals täglich ihr Revier – man könnte sagen auf einer Art Rundkurs. Das machen sie auch im Wohnungsrevier. Wie schrecklich für die Katze, wenn sie ihren gewohnten Rundgang nicht mehr machen kann, weil plötzlich eine Tür verschlossen ist. Katzen gehen gern Wände hoch. Wir nicht. Für Wohnungskatzen wird das möglich, wenn sie die dritte Dimension eines Raumes nutzen dürfen. Regalbretter, Katzenleitern und an der Wand befestigte Sisalteppiche führen in luftige Höhen. Katzen verstecken sich gern. Manche Menschen täten das am liebsten auch. Sorgen Sie also für Schlupfwinkel. Und was lieben Katzen und Menschen gleichermaßen? Kuschelige Schlafplätze, keine Langeweile und Schmusen …

Fitness-Center: Kratzbaum

Krallen wetzen, gemütlich kuscheln, sich verstecken, klettern, balancieren, springen, toben – all das kann ein guter Kratzbaum unseren kleinen Tigern bieten. Eigentlich ein Muss für jede Wohnung, in der Katzen leben. Viele Katzenhalter haben ihrem schnurrenden Vierbeiner diesen Wunsch bereits erfüllt. Doch manchmal steht das Teil unbenutzt in der Ecke oder findet nur noch als Blumenständer Verwendung wie bei meiner Freundin Kathrin. „Wie undankbar!“, wird mancher denken. Doch weit gefehlt! Sicherlich gibt es einen Grund, warum die Katze den Kratzbaum verschmäht. Wenn er schon beim ersten Sprung in Schwingungen gerät, finden Katzen das nicht lustig. Solche wackeligen Angelegenheiten sind viel zu unsicher. Für einen soliden Kratzbaum lohnt es sich immer, etwas tiefer in die Tasche zu greifen.

1

1 *Der ideale Fitness-Spielplatz für Wohnungskatzen: eine mit Sisal bespannte Trommel mit Schlupflöchern.*

2 *Lucy fühlt sich sichtlich wohl in ihrem Schuh. Hier kann sie kuscheln und spielen.*

3 *Ein sonniger Platz am offenen Fenster ist für Wohnungskatzen ein Traum.*

4 *Sternchen balanciert elegant über ein verknotetes Tau von einem Kratzbaum zum anderen.*

2

3

4

- Ein guter Kratzbaum reicht vom Fußboden bis zur Decke (→ Foto, Seite 44). Er sollte unten und oben verankert werden.
- Der untere Teil des Baums besteht aus sisalumwickelten Säulen oder aus echten Baumstämmen. Hier kann sich Katze recken und strecken und ihre Krallen wetzen.
- Höhlen und Sitzbretter sind vor allem im oberen Teil angeordnet. In Katzenkreisen mag man mit Plüsch bezogene Höhlen und Bretter besonders gern.
- Sisalbespannung und Plüschbezüge sollten erneuerbar sein.
- Zwei oder drei Stoffmäuschen oder -bällchen, die an einer Schnur herabhängen, oder flatternde Bänder machen den Kratzbaum für Mieze perfekt.

Hinweis: Inzwischen gibt es im Fachhandel regelrechte Wohn- und Spiellandschaften für Katzen. Je nach Wohnsituation können verschiedene Kratzbäume, Tunnel und andere Kombinationselemente miteinander verbunden werden. Für geschickte Heimwerker eine kreative Fundgrube.

Der richtige Platz: Katzen sind neugierig, wollen gern dabei sein und lieben einen guten Überblick. Wenn der Kratzbaum in einer abgelegenen Flurecke steht, erregt das kaum das Interesse unserer schnurrenden Gesellschaft. Ein Platz im Wohnzimmer, wo abends alle versammelt sind, ist da schon beliebter. Ideal, wenn Mieze vom Kratzbaum bis zu Frauchens Sessel nur ein paar Schritte hat. Eine Runde Kraulen zwischendurch hat schon was! Geradezu traumhaft wird es, wenn die Katze tagsüber vom Kratzbaum aus durchs Fenster schauen und dabei auch noch die selbstverständlich offene Zimmertür im Auge behalten kann.

Wo Kratzorgien erlaubt sind

Das Schärfen der Krallen und damit verbunden das Markieren von Gegenständen ist eine typische Katzeneigenschaft. Wer sich eine Katze als Gesellschafterin hält, muss Kratzspuren auf Sofa und Teppich verschmerzen können. Die Kratzorgien auf teuren Möbelstücken halten sich jedoch in Grenzen, wenn Sie Ihrem kleinen Tiger mehrere spezielle Kratzgelegenheiten anbieten. Der Kratzbaum ist eine Möglichkeit, daneben gibt es im Zoofachhandel mit Sisal bespannte Kratztrommeln, die gleichzeitig zum Spielen und Verstecken anregen (→ Foto, Seite 38), und Spielzeug zum Kratzen wie etwa das Play-n'-scratch (→ Foto, Seite 20). An der Wand befestigte Kratzbretter oder ein Stück Sisalteppich tun ebenfalls gute Dienste. Kratzgelegenheiten an der Wand oder am Schrank so hoch anbringen, dass sich die Katze recken muss, um die Krallen zu wetzen. Idealerweise liegt Miezes Kratzoase auf dem Weg vom Schlafplatz zum Futternapf.

Der „Catwalk"

Ein Laufsteg in luftiger Höhe. Wer das seinem schnurrenden Liebling bietet, hat dessen Geschmack 100-prozentig getroffen. So wird die Wand begehbar, und Miezes Revier erweitert sich enorm. Gerade für kleine Wohnungen ist ein Catwalk genau das Richtige. An die Wand montierte schmale Bretter bilden die Grundlage des Laufstegs, der über den Türrahmen, bis zum nächsten Schrank, von dort zum Kletterbaum und dann zur Fensterbank führen kann. Dazwischen ein Stück dickes Tau zum Balancieren (fest verankern!) und Kuschelplätzchen zum Verweilen machen den Catwalk zum Abenteuerpfad. Doch Sie kennen Ihre Wohnung besser als ich und wissen selbst am besten, was machbar ist. Nur so viel noch: Hinauf auf den Laufsteg und hinunter kommt Mieze über eine kleine Leiter, eine Sisalsäule, ein Stück Sisalteppich, das an der Wand befestigt ist oder eine schmale Rampe aus Holz.

Ein Platz in der ersten Reihe

Besonders Wohnungskatzen wissen ihn zu schätzen: den Platz am Fenster (→ Foto, Seite 39). Von sicherer Warte aus schauen, wie große und kleine Hunde vorbeilaufen, gespannt den Vogel vor dem Fenster beobachten oder einfach zuschauen, wie im Herbst das Laub von den Bäumen fällt. Hier tut sich immer etwas. Versüßen Sie Ihrem schnurrenden Vierbeiner den Platz mit

Spielwiese Balkon

FRISCHE LUFT WECKT LEBENSLUST

Die neuen Vorhänge mit den aufgedruckten bunten Schmetterlingen sind für Kitty der Hit. Sie versteht überhaupt nicht, warum Frauchen sich so aufregt, wenn sie ihre Krallen in den Vorhang schlägt, um die Schmetterlinge zu fangen. Echte Schmetterlinge kommen in der Wohnung selten vorbei. Auf dem Balkon stehen die Chancen da schon viel besser.

PARADIES: BALKON

Verfügen Sie über einen Balkon? Dann lassen Sie Ihren Stubentiger Ferien auf „Balkonien" machen. Wunderbar, die frische Luft zu genießen, faul in der Sonne zu liegen, die fremden aufregenden Gerüche und Geräusche wahrzunehmen und zum Zeitvertreib nach Schmetterlingen oder anderen Insekten zu jagen. Es ist gar nicht so aufwändig, ein Katzenparadies auf dem Balkon zu gestalten.

SICHERHEIT

„Katzen überleben jeden Sturz." Diese Aussage ist natürlich falsch! Im Gegenteil: Laut Statistik endet jeder fünfte Sturz aus einem höher gelegenen Fenster oder vom Balkon auch bei Katzen tödlich. Deshalb Balkone grundsätzlich mit einem Katzennetz absichern. Informieren Sie sich darüber im Zoofachhandel.
Hinweis: Bei Mietwohnungen sicherheitshalber die Genehmigung des Vermieters einholen.

GESTALTUNG

Auch hier wieder zunächst die Frage: Was ist für Katzen eigentlich wichtig und was entspricht ihrem Wesen?

➤ Sorgen Sie dafür, dass Ihr Stubentiger zu jeder Zeit auf den Balkon, aber auch wieder zurück in die Wohnung kann. Eine Katzenklappe macht das möglich.

➤ Mieze muss über die Balkonbrüstung schauen können, damit's richtig interessant ist. Besorgen Sie ihr z. B. einen standfesten echten Baumstamm als Aussichtsturm, Liegeplatz und Kratzgelegenheit.

➤ Ein Katzensteg entlang der Balkonbrüstung lädt zum informativen Rundgang ein. Wer keine Lust auf Eigenbau hat, findet im Fachhandel Angebote.

➤ Für ein schattiges Plätzchen kann ein Sonnenschirm sorgen. Ist die Stellfläche zu gering für einen Schirm, ist ein Stück Segeltuch eine gute Lösung. Mit Karabinerhaken versehen wird das Tuch einfach in das Katzennetz eingehakt.

➤ Versetzen Sie Ihren kleinen Tiger in einen Duftrausch mit Katzenminze, Baldrian, Lavendel, Thymian, Oregano und Zitronenmelisse als Bepflanzung.

1

2

3

einem Kuschelkissen, Spielzeug und etwas Grünem zum Knabbern. Schmale Fensterbänke lassen sich mit speziellen Vorrichtungen aus dem Zoofachhandel verbreitern. Ein Netz oder ein Rahmen mit bespanntem Draht vor dem Fenster schützen vor Ausbruch und Absturz, wenn das Fenster an warmen Tagen offen bleibt. Beachten Sie, dass gekippte Fenster zu tödlichen Fallen für Katzen werden können. Im Fachhandel gibt es jedoch auch Sicherungen für Kippfenster.

Seile für Klettermaxe

Katzengeschmäcker sind verschieden, wie jeder weiß. Doch ein Kletterspielplatz reizt viele Miezen. Dicke Seile aus Naturfasern oder Strickleitern (in Seil- und Korbwarengeschäften bzw. in Läden für Seglerzubehör erhältlich) laden zu lustigen Kletterpartien ein. Die Kleinen hängen sich gern an frei schwingende Seile (→ Foto, Seite 4). Die Großen mögen es fest verankert lieber. Auch waagerecht angebrachte dicke Seile nutzen Katzen-Akrobaten gern zum Balancieren.

Ein Brunnen im Zimmer

Zimmerbrunnen liegen seit einigen Jahren voll im Wohntrend. Sie sorgen nicht nur für ein besseres Raumklima, sondern entspannen auch durch ihr kontinuierliches leises Geplätscher. Katzen lieben Zimmerbrunnen. Sie trinken daraus, knabbern an den Pflanzen und spielen mit dem nassen Element. Im Winter – bei trockener Heizungsluft – bleibt Miezes Fell, dank Zimmerbrunnen, anliegend und geschmeidig. Schenken Sie also Ihrer Katze und sich selbst einen Zimmerbrunnen. Bei Katzen hoch im Kurs stehen Modelle mit Kugeln, die sich drehen oder bei denen das Wasser über kleine Kaskaden hinabfällt (→ Foto, oben). Als Bepflanzung eignen sich z. B. nicht zu scharfkantige Zyperngras- und Bergpalmenarten. In Gebieten mit hartem Leitungswasser sollten Sie das Brunnenwasser vorher über Kohle filtern, damit die Wasserpumpe des Brunnens nicht zu schnell verkalkt. Es gibt Wasserfilter, die einfach zu handhaben sind. Kein destilliertes Wasser verwenden!

1 *Gestalten Sie einen kleinen Zimmerbrunnen für Ihren Liebling. Aus der Schale darf getrunken, am Schilfgras und an der Bergpalme geknabbert werden.*

2 *Der kleine Schrank mit geöffneten Türen und Schubladen verführt alle Katzen zum Versteckspielen.*

3 *Nach dem Spiel ist ein Nickerchen in diesem Liegeplatz zum Einhängen an den warmen Heizkörper eine Wonne.*

Katzenmöbel

Ob Luxus-Hänge-Kuschelspielplatz wie auf dem Foto Seite 36, eine Dampfwalze zum Verstecken, Klettern und Kratzen wie unten im Bild, eine exklusive Traumvilla oder ein Katzen-Spielhaus – der Fachhandel lässt keine Wünsche offen. Wen ein durchlöcherter Pappkarton in seiner Wohnung stört, kauft seinem schnurrenden Vierbeiner eben ein Massivhaus mit Terrasse, Teppichböden und eingebautem Spielzeug. Hauptsache, Mieze hat niemals Langeweile, wenn sie zum Spielen aufgelegt ist.

Katzen-Agility

Die meisten Hunde wüssten gleich, wovon ich rede. Agility – ein Sport, bei dem es gilt, Hindernisse in einer bestimmten Zeit zu bewältigen. Viele Hunde üben ihn begeistert zusammen mit Herrchen oder Frauchen aus. Doch ist das auch ein Sport für Katzen? Es kann sein, dass Mieze Gefallen daran findet. Sicher ist das jedoch nicht, und die Sache mit der Zeitvorgabe lassen wir doch lieber ganz aus dem Spiel. Wieder einmal heißt es: „Probieren geht über Studieren." Überlegen Sie sich einen Hindernisparcours. Er kann über Betten, Sessel, Stühle, Kartons, Rampen, durch Stofftunnel und um Stuhl- und Tischbeine herumführen. Jetzt sind natürlich Sie als Spielpartner gefragt. Befestigen Sie einen Leckerbissen, z. B. ein Stück gekochten Putenschinken, an einer langen Schnur. Ziehen Sie die Schnur über die Hindernisse und um sie herum. Folgt Ihnen Ihr kleiner Tiger? Wenn ja, bekommt er am Ende des Parcours natürlich den Leckerbissen. Wenn nein, bekommt er ihn nach einer kleinen Weile auch. Spielen soll schließlich Spaß machen, und Agility ist nun mal wirklich nicht jeder Katze Sache.

Schuhparade: Hier noch eine lustige Idee gegen Katzen-Langeweile in der Wohnung – vorausgesetzt, Sie sind bereit, Ihren Schuhschrank auszuräumen und die Schuhe Ihrem schnurrenden Liebling zu überlassen. Stellen Sie Schuhe verschiedenster Art hintereinander auf: normale geschlossene Schuhe, Riemchensandalen, Gummistiefel, Stiefeletten, Schuhe mit Schnürsenkeln und halboffene Schuhe. Legen Sie in jeden Schuh eine kleine Überraschung: ein Papierbällchen, ein Leckerli, das Fellmäuschen oder einen Korken. Schaut Ihre Katze Sie jetzt verständnislos an? Dann machen Sie ihr mit Hilfe der Katzenangel (→ Seite 24) die Schuhparade schmackhaft und lassen Sie sie von Schuh zu Schuh hüpfen.

Schatzsuche: Dass Katzen Höhlen lieben, ist bekannt. Eine leicht zu öffnende Schublade im Schrank – nur für die Katz, versteht sich – kommt da super an. Klasse, wenn man sich's in der Schublade so richtig bequem machen kann und auch noch ein Leckerli findet (→ Foto, Seite 42).

Der große dekorative Kratzbaum steht im Wohnzimmer und reicht auch für mehrere Katzen.

Die Ruhe nach dem Sturm

Genug gespielt. Jetzt muss sich Katze erst mal stärken. Also auf zum gefüllten Futter- und Wassernapf. Und danach ist Schmusen dran. Frauchen oder Herrchen weiß längst, was ihrem Kuschelmonster besonders gut gefällt. Wenn die Hand sanft über das weiche Fell streicht und Katze schnurrt wie ein kleiner Motor, dann ist's gut. Sanft ziehen die Fingerkuppen Striche durch das dichte Fell. Sanft werden in kreisenden Bewegungen Stirn, Kinn und die Stellen hinter den Ohren gekrault, sanft massiert Oberkatze Mensch sein Kätzchen zwischen den Schulterblättern. Das entspannt. Ach ja, Katze bei einem selbst müsste man sein … Doch was Sie vielleicht noch gar nicht wissen: Viele Katzen genießen Massagen. Uns ist die wohltuende Wirkung bekannt: Sie lösen Verspannungen, regen den Blutkreislauf an und stimulieren den Stoffwechsel. Aber weiß das Mieze? Sicher nicht, und doch reagieren viele Katzen positiv auf die entsprechenden Berührungen. Finden Sie heraus, ob Ihr Stubentiger Massagen zu schätzen weiß. Beginnen Sie mit den Fingerkuppen vom Nacken bis zur Schwanzwurzel entlang der Wirbelsäule in kreisförmigen Bewegungen zu massieren. Üben Sie dabei nur einen leichten Druck auf den Katzenkörper aus. Kneten Sie sanft mit den Fingern Miezes Ohren von der Ohrwurzel bis zur Spitze. Und? Wie findet Katze das?

TIPP

UND NOCH MEHR WELLNESS

Wohltuend auf Mensch und Tier wirken zum Beispiel bestimmte Halbedelsteine, die deshalb auch als „Heilsteine“ bezeichnet werden. Rosenquarz sorgt für Herzenergie, Aventurin für Entspannung, und Lapislazuli stärkt die innere Wachheit. Füllen Sie eine flache Schale mit Quarzsand und legen Sie die Steine hinein. Stellen Sie die Schale auf einen zentralen Platz im Raum.

Schnurrt sie entspannt? Dann probieren Sie auch noch eine wohltuende Pfotenmassage: Kneten Sie leicht und vorsichtig zwischen den Ballen. Empfindet Mieze das als angenehm, „tretelt“ sie mit den Pfoten in die Luft. Fängt sie dagegen an, mit der Schwanzspitze zu zucken, war das eindeutig das falsche Verwöhnprogramm für Ihre vierbeinige Gesellschafterin. Doch vielleicht wird es nun auch langsam Zeit für ein Nickerchen. Die kuschelige Hängeliege am Heizkörper wartet schon (→ Foto, Seite 42). Oder bevorzugt die vierbeinige Genießerin heute das Bett, wo es so herrlich nach ihrem vertrauten Menschen riecht? Na dann – süße Träume …

REGISTER

ADRESSEN

Verbände/Vereine

➤ Fédération Internationale Féline (FIFe), 17 Rue du Verger, L-2665 Luxembourg, www.fifeweb.org (engl.)
➤ 1. Deutscher Edelkatzenzüchterverband e. V., (1. DEKZV e.V.), Berliner Str. 13, 35614 Asslar, www.dekzv.de
➤ Deutsche Rassekatzen-Union e. V. (D.R.U.), Geschäftsstelle: Hauptstr. 56, 56814 Landkern, www.dru.de
➤ Österreichischer Verband für die Zucht und Haltung von Edelkatzen (ÖVEK), Liechtensteinstr. 126, A-1090 Wien, www.oevek.org
➤ Fédération Féline Helvétique (FFH), Alfred Wittich (Präsident), Büntacher 22, CH-5626 Hermetschwil, www.ffh.ch
➤ Deutscher Tierschutzbund e. V., Baumschulallee 15, 53115 Bonn, www.tierschutzbund.de
Bei diesen Verbänden können Sie Adressen von Katzenclubs und -vereinen erfragen.

Katzen im Internet

Viel Wissenswertes rund um Katzen, inklusive Gesundheit, Ernährung, Katzenlexikon, Katzenrassen, Spiel und Spaß und vieles mehr, finden Sie auf folgenden Internetseiten:
➤ www.katzencity.de
➤ www.pfotenhieb.de
➤ www.katze-und-du.at
➤ www.katze-und-du.de
➤ www.netz-katzen.de
➤ www.miau.de
➤ www.schmusekatzen.de

Informationen über giftige Pflanzen erhalten Sie unter:
➤ www.giftpflanzen.ch

Fragen zur Haltung beantworten

Ihr Zoofachhändler und der Zentralverband Zoologischer Fachbetriebe Deutschlands e.V. (ZZF), Tel. 06 11/44 75 53 32 (nur telefonische Auskunft möglich: Mo 12-16 Uhr, Do 8-12 Uhr), www.zzf.de

Krankenversicherung

➤ Uelzener Versicherungen, PF 2163, 29511 Uelzen, www.uelzener.de
➤ AGILA Haustierversicherung AG, Breite Str. 6–8, 30159 Hannover, www.agila.de

Registrierung von Katzen

➤ TASSO e. V., Abt. Haustierzentralregister, 65784 Hattersheim, Tel. 06190/937300, www.tasso.net
➤ Internationale Zentrale Tierregistrierung (IFTA), Nördliche Ringstr. 10, 91126 Schwabach Tel. 00800/43 82 00 00 (kostenlos), www.tierregistrierung.de
➤ Deutsches Haustierregister, Deutscher Tierschutzbund e. V., Baumschulallee 15, 53115 Bonn, www.deutsches-haustierregister.de
Wer seine Katze vor Tierfängern und dem Tod im Versuchslabor schützen will, kann sie hier registrieren lassen.

BÜCHER

➤ Eilert-Overbeck, B.: Katzen. Gräfe und Unzer Verlag, München

➤ Eilert-Overbeck, B.: Unser Kätzchen. Gräfe und Unzer Verlag, München

➤ Hofmann, H.: Meine Katze. Gräfe und Unzer Verlag, München

➤ Ludwig, G.: Das große GU Praxishandbuch Katzen. Gräfe und Unzer Verlag, München

➤ Ludwig, G.: 300 Fragen zur Katze. Gräfe und Unzer Verlag, München

➤ Linke-Grün, G.: 1000 Katzennamen von A bis Z. Gräfe und Unzer Verlag, München

➤ Linke-Grün, G.: Wohnungskatzen. Gräfe und Unzer Verlag, München

ZEITSCHRIFTEN

➤ die edelkatze. Illustrierte Fachzeitschrift für Katzenfreunde, Verbandszeitschrift des 1. DEKZV (→ Adressen)

➤ katzen. Hrsg. D. R. U. (→ Adressen)

➤ Katzen extra. Gong Verlag, Ismaning

➤ Geliebte Katze. Gong Verlag, Ismaning

DIE AUTORIN

Gabriele Linke-Grün arbeitet seit vielen Jahren als freie Journalistin für verschiedene Tierzeitschriften und Schulbuchverlage. Für den Gräfe und Unzer Verlag ist sie als freie Redakteurin, Lektorin und als Autorin tätig. Ihr besonderes Faible gilt Katzen, mit denen sie aufgewachsen ist und deren Temperament, Eigenwilligkeit und Eleganz sie schon immer fasziniert und begeistert haben.

DIE FOTOGRAFIN

Monika Wegler gehört zu den besten Heimtier-Fotografen Europas. Auch als Journalistin und Tierbuch-Autorin ist sie sehr erfolgreich. Alle Fotos in diesem Buch stammen von ihr.

IMPRESSUM

Redaktion: Christine Axmann
Umschlaggestaltung und Layout: H. Bornemann Design, München
Satz: Filmsatz Schröter, München
Produktion: Maike Harmeier
Repro: Longo AG, Bozen
Druck und Bindung: Alcione, Trento

Printed in Italy

ISBN 978-3-7742-6132-7

6. Auflage 2009

GRÄFE UND UNZER

Ein Unternehmen der
GANSKE VERLAGSGRUPPE